AF313141

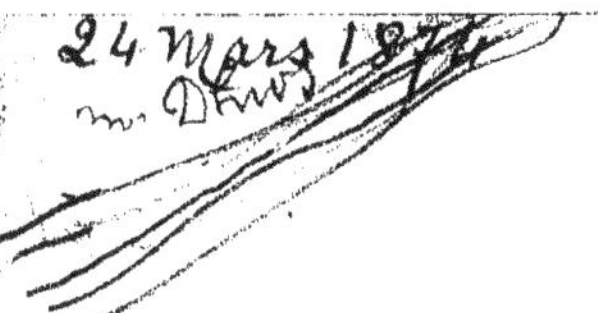
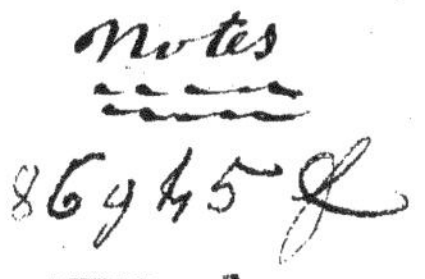

Vente du Mardi **24 Mars 1874**

APRÈS DÉCÈS DE M. MERTON

TABLEAUX IMPORTANTS

DE

MAITRES ANCIENS

PROVENANT DES

Célèbres Galeries Pommersfelden, Delessert, etc.

EXPOSITIONS :

PARTICULIÈRE : LE DIMANCHE 22 MARS 1874.
PUBLIQUE : LE LUNDI 23 MARS 1874.

COMMISSAIRES-PRISEURS :

Mᵉ CHARLES PILLET	Mᵉ PAUL NAVOIT
10, rue de la Grange-Batelière.	5, rue Ventadour.

EXPERTS :

M. DURAND-RUEL	MM. DHIOS ET GEORGE
16, rue Laffitte.	33, rue Lepelletier.

EXEMPLAIRE DE LYON

CATALOGUE

DE

TABLEAUX

IMPORTANTS

DE

MAITRES ANCIENS

PROVENANT DES

Célèbres Galeries Pommersfelden, Delessert, etc.

Rembrandt.	*Gérard Dov.*	*Gérard Terburg.*
Jan Steen.	*Bakhuysen.*	*Ph. Wouwerman.*
A. Mignon.	*D. Teniers.*	*Cranach.*
Fragonard.	*Greuze.*	*Guardi.*
Em. de Witte.	*Vander Helst.*	*Honthorst.*

C. Dolci, Seghers, etc.

DONT LA VENTE

Après Décès de M. MERTON

En vertu d'une ordonnance de M. le Président du Tribunal civil de la Seine, enregistrée

AURA LIEU

HOTEL DROUOT, SALLE N° 1,

Le Mardi 24 Mars 1874,

A DEUX HEURES.

Par le ministère de Mᵉ **CHARLES PILLET**, Commissaire-Priseur,
10, rue de la Grange-Batelière,

Et de Mᵉ **PAUL NAVOIT**, son confrère, 5, rue Ventadour,

Assisté de **M. DURAND-RUEL**, Expert, 16, rue Laffitte,

Et de **MM. DHIOS** et **GEORGE**, expert, 33, rue Lepeletier.

Chez lesquels se trouve le présent Catalogue.

EXPOSITIONS { PARTICULIÈRE : le *Dimanche* 22 *Mars* 1874.

PUBLIQUE : le *Lundi* 23 *Mars* 1874.

DE UNE HEURE A CINQ HEURES.

CONDITIONS DE LA VENTE

Elle sera faite expressément au comptant.

Les acquéreurs payeront *cinq pour cent* en sus du prix d'adjudication.

Paris. Typ. Pillet fils aîné, 5, rue des Grands-Augustin.

Les quarante-trois Tableaux composant la Collection
de feu M. Merton ont été acquis dans les ventes publiques
de collections célèbres qui ont eu lieu à Paris pendant ces
dernières années. Trente-quatre proviennent de la Galerie
Pommersfelden, un autre, le Steen, de celle de M. Delessert, etc., etc. La seule indication de semblables prove-
nances appelle l'attention et dispense de tout commentaire.
La haute valeur de ces tableaux a été consacrée par les prix
qu'ils ont atteints aux enchères...

Pour dresser le présent Catalogue, on ne pouvait
mieux faire que de reproduire les désignations et les attri-
butions contenues dans les catalogues des ventes que nous
venons d'indiquer.

DÉSIGNATION

BAKHUYSEN

(LUDOLFF)

1 — Pêche à la baleine.

Au premier plan, contre des bancs de glace, sur lesquels apparaissent des ours blancs, plusieurs pêcheurs
en barque harponnent une immense baleine, à moitié
hors de l'eau. A droite et à gauche, grands navires à
trois mâts, et plus loin, d'autres bâtiments de diverses
grandeurs. Ciel sombre. Superbe effet des mers gla-
ciales.

Signé en bas, à gauche, L. Bakh.

Galerie Pommersfelden. N. 3 du catalogue.

Toile. Haut., 1 m.; larg., 1 m. 25 cent.

BALEN

(JAN VAN)

— 2 — Madone.

La Vierge, assise, tient sur ses genoux l'enfant Jésus
adoré par les anges. A droite, saint Joseph debout. Dans
le ciel, gloire d'anges.

Galerie Pommersfelden. N. 156 du catalogue.

Bois. Haut., 42 cent.; larg., 30 cent.

BREDAEL

(PETER VAN)

— 3 — Paysage.

Deux cavaliers sur un chemin; groupes de paysans,
des troupeaux, etc.

Galerie Pommersfelden. N. 161 du catalogue.

Bois. Haut., 24 cent.; larg., 34 cent.

BREDAEL

(P. VAN)

4 — Départ pour le marché.

Nombreuses figures sur un grand chemin en avant
d'un petit hameau. Très-fin.
Pendant du précédent.

Galerie Pommersfelden. N. 162 du catalogue.

Bois. Haut., 24 cent.; larg., 34 cent.

BREUGHEL

DE VELOURS (JAN)

5 — Convoi de muletiers.

Sur un chemin descendant d'une colline boisée, des
mulets chargés, dont un s'est abattu; cinq ou six figures de muletiers. A droite, un fleuve bordé de mon-
tagnes d'un bleu très-fin.
Signé en bas : *Brveghel*, 1612.

Galerie Pommersfelden. N, 163 du catalogue.

Bois. Haut., 36 cent.; larg., 47 cent.

CRANACH

(LUCAS SUNDER, dit LE VIEUX)

6 — Laissez venir à moi les petits enfants.

Au milieu, le Christ, tenant sur sa main un petit enfant qu'il embrasse. A droite et à gauche, des femmes portant de petits enfants. Au coin gauche, les disciples du Christ. Vingt-cinq figures. Tableau très-important dans l'œuvre du maître.

Galerie Pommersfelden. N. 237 du catalogue.

Bois. Haut., 83 cent. larg , 1 m. 10 cent.

CRANACH

(LE VIEUX)

7 — Lucrèce.

Debout et toute nue, sauf un voile qui tombe des épaules jusque sur les pieds, en laissant transparaître les formes. La main droite porte, contre le sein, la pointe de l'épée; le bras droit est replié sur la tête. Fond de rideau pourpre. Très-beau.

Signé du dragon ailé. A gauche, deux vers allemands.

Galerie Pommersfelden. N. 238 du catalogue.

Bois. Haut., 83 cent.; larg., 56 cent.

DOLCI

(CARLO)

8 — Madone.

En buste, les mains jointes. Grande draperie bleue qui descend de la tête et couvre les épaules.

Galerie Pommersfelden. N. 281 du catalogue.

Toile. Haut., 56 cent.; larg., 43 cent.

DOV

(GÉRARD)

9 — Jeune fille se préparant à allumer une lanterne.

Elle a sur la tête une faille blanche. Corsage rouge, jupon bleuté. Elle apparaît dans l'arc d'une fenêtre dont l'appui est orné d'un bas-relief. Effet de lumière très-gai.

Signé à droite, contre le pan de la fenêtre : *G. Dov.* (Le D. faisant monogramme avec le G.)

Galerie Pommersfelden. N. 22 du catalogue.

Bois. Haut., 27 cent.; larg., 21 cent.

DOV

(GÉRARD)

— 10 — Ermite en prières.

Il a les mains jointes. Longue barbe blanche.
Signé à droite, sur le fond : *Dov*.

Galerie Pommersfelden. N. 24 du catalogue.

Bois. Haut., 18 cent.; larg., 14 cent.

DUCK

(JAN LE)

11 — Corps de garde.

L'officier est assis en avant, près d'un drapeau et
d'un tambour. Au second plan, deux officiers jouent au
trictrac avec une demoiselle, et à droite, des soldats
fument près de la cheminée.
Signé.

Galerie Pommersfelden. N. 28 du catalogue.

Toile. Haut., 84 cent.; larg., 69 cent.

FERG

(FRANZ DE PAULE)

— 12 — **Chasse au sanglier.**

Des cavaliers, des piqueurs et la meute de chiens,
cernent le sanglier. A droite, groupe de chasseurs à
cheval sonnant de la trompe ou tenant des piques. Une
jeune chasseresse en robe verte galope vers le sanglier.
Beau paysage d'intérieur de forêt.

Galerie Pommersfelden. N. 242 du catalogue.

Cuivre. Haut., 32 cent.; larg., 39 cent.

FERG

(F. DE PAULE)

— 13 — **Chasse au cerf.**

Pendant du précédent.

Galerie Pommersfelden. N. 243 du catalogue.

Cuivre. Haut., 36 cent ; larg., 40 cent,

FRAGONARD

(HONORÉ)

— 14 — Le Feu aux poudres.

Une jeune fille est endormie dans son lit; des Amours jettent le trouble dans son sommeil en l'embrasant avec des torches, tandis qu'un autre Amour tient suspendus les draps du lit et favorise ces projets incendiaires.

Superbe qualité du maître ; largeur de touche, finesse et transparence; mélange charmant de tons nacrés, opalins et dorés.

Consulter l'*Etude sur Fragonard*, p. 19, par MM. de Goncourt, où se trouve une brillante et poétique description de ce tableau.

Collection de M. de Villars 1868. N. 29 du catalogue.

Toile. Haut., 43 cent.; larg., 36 cent.

FRANCK

(FRANS, LE JEUNE)

— 15 — L'Annonciation aux bergers.

Dans le ciel, des gloires d'anges portant des banderoles, avec musique et légendes. Effet de lumière fantastique sur le centre du paysage.

Galerie Pommersfelden. N. 178 du catalogue.

Bois. Haut., 42 cent.; larg., 66 cent

GREUZE

(JEAN-BAPTISTE)

— 16 — Tête de petit garçon.

En buste, la tête nue, de trois quarts ; cheveux blonds, chemise ouverte, veste gris foncé. La physionomie exprime un sentiment de crainte.

Beau tableau, d'une exécution très-ferme. Il doit avoir été peint à la même époque que le Fils puni et la Malédiction paternelle.

Toile. Haut., 40 cent.; larg., 31 cent.

GUARDI

— 17 — Vue de Venise.

A droite, un quai où s'opère un embarquement de colis ; une masure où la Madone se détache dans une niche ; à gauche, des personnages causant ensemble. Effet de soleil couchant.

Collection de M. de Villars 1868. N. 42 du catalogue.

Toile. Haut., 47 cent.; larg., 55 cent.

GUARDI

— 18 — Environs de Venise.

Au premier plan, une barque et la mer, puis des terrains se détachant vigoureusement en relief; des arbres à gauche, avec habitations ; à droite, des figures çà et là, parmi lesquelles on remarque un cavalier qui passe en dominant le paysage.

Collection de M. de Villars 1868. N. 43 du catalogue.

Haut., 47 cent.; larg., 55 cent.

HAMILTON

(JAN GEORG VAN)

—19 — Portrait d'un duc de Bavière, à cheval.

Vu de profil sur un cheval noir qui se cabre. Fond de parc, avec de l'architecture; un obélisque supporté par un éléphant. Au premier plan, des fragments d'architecture, bas-reliefs, etc.

Galerie Pommersfelden. N. 184 du catalogue.

Toile. Haut., 92 cent ; larg., 72 cent.

HEISS

(JOHANN)

—20 — Atelier d'artiste.

Des modèles de femmes nues posent devant des artistes et des amateurs costumés en Romains. Deux femmes nues, vues par devant; une autre par derrière; la quatrième, assise, en train de se déshabiller; près d'elle, une vieille femme qui lui parle. Au fond, sur une étagère, des plâtres, statues, bustes, etc.

Signé en bas, à droite, sur un escabeau : *J. Heiss.* 1687.

Galerie Pommersfelden. N. 246 du catalogue.

HELST

(BARTOLOMÉ VANDER)

— 21 — Portrait d'homme.

Accoudé sur une console, la main gauche tenant des gants, la main droite contre la poitrine. Tête nue; riche manteau pourpre sur un costume noir. En avant, un épagneul qui lève la tête vers son maître, et un lévrier noir et blanc. A droite, au second plan, un valet tient par la bride un cheval isabelle. Fond de paysage.

Signé, au bas, à gauche : *B. van der Helst*, 1665.

Galerie Pommersfelden. N. 35 du catalogue.

Toile. Haut., 1 m. 18 cent.; larg., 98 cent.

HONTHORST

(GÉRARD)

— 22 — L'Arracheur de dents.

Composition de sept figures, de grandeur naturelle,
vues jusqu'aux genoux. A droite, l'opérateur penché
sur le patient qui grimace. A gauche, une vieille paysanne, en chapeau de paille et caraco rouge, porte
un panier dans lequel sont deux canards. Derrière elle,
un jeune garçon à toque emplumée, — l'élève du chi-
rurgien, — dérobe adroitement un des canards. Trois
autres personnes regardent l'opération.

Signé, au-dessous d'une longue inscription en hol-
landais : G. Honthorst *f*. 1627.

Galerie Pommersfelden. N. 49 du catalogue.

Toile. Haut., 1 m. 36 cent.; larg., 1 m. 98 cent.

HOUBRAKEN

(ARNOLD)

— 23 — Présentation au Temple.

Le grand-prêtre tient dans ses bras le petit Jésus.
A gauche, groupe de personnages, où l'on remarque la
vierge Marie, Joseph portant les colombes, etc.

Signé, en bas : *A. Houbraken*, 1689.

Galerie Pommersfelden. N. 58 du catalogue.

Bois. Haut., 40 cent.; larg., 31 cent.

KUPETZKI

(JOHANN)

—24 — Portrait de femme.

A mi-corps, de grandeur naturelle.

Galerie Pommersfelden. N. 258 du catalogue.

Toile. Haut., 92 cent.; larg., 76 cent

LUCIDEL

(NICOLAS)

— 25 — Portrait de femme.

A mi-corps, de grandeur naturelle. Coiffure blanche, costume noir. Très-belles mains avec bagues aux doigts. La main gauche tient une rose rouge, la droite un bijou en argent.

Lucidel est un très-bon maître qui se rapproche beaucoup de Holbein. Il y a de lui d'excellents portraits aux musées de Berlin, de Münich, de Vienne.

Galerie Pommersfelden. N. 260 du catalogue.

Bois. Haut., 90 cent. larg., 73 cent.

MIERIS

(Attribué à FILS)

26 — La Consultation.

Scène d'intérieur, à trois personnages.

Cuivre. Haut., 32 cent.; larg., 26 cent.

MIERIS

(Attribué à FILS)

27 — La Dentellière.

Pendant du précédent.

Cuivre. Haut., 32 cent.; larg., 26 cent.

MIGNON

(ABRAHAM)

28 — Un Déjeuner.

Sur une console, un plat d'huîtres, un citron, une
grenade ouverte, un couteau, un pain, des marrons,
un vidrecome mi-plein de vin blanc. Sur une boîte,
une assiette de pommes cuites, une coupe, des ver-
res, etc. De la table pend un tapis vert émeraude.
Signé en toutes lettres.

Galerie Pommersfelden. N. 262 du catalogue.

Toile. Haut., 75 cent.; larg., 62 cent.

MIGNON

(ABRAHAM)

— 29 — **Corbeille.**

Des raisins, des pêches, des abricots dans une corbeille, un vidrecome et des coupes sur une console.
A gauche, sur l'appui d'une fenêtre, un chardonneret.

Galerie Pommersfelden. N. 265 du catalogue.

Toile. Haut., 80 cent.; larg., 70 cent.

NEEFFS

(PEETER, LE VIEUX)

— 30 — **Intérieur de la nouvelle église à Anvers.**

Quantité de figurines attribuées à Teniers. Elles pa-
raissent plutôt d'un des Frank.
Signé sur un pilier : *Peeter Neeffs*. Au-dessus est
écrit : *Antwerp niew Kerk*.
Fine qualité et parfaite conservation.

Galerie Pommersfelden. N. 199 du catalogue.

Bois. Haut., 33 cent.; larg., 54 cent.

NEEFFS

(PEETER)

31 — Intérieur d'un Temple protestant.

Figures attribuées à David Teniers.
Signé, à droite, au-dessus d'une porte d'entrée :
Peeter Neeffs.

Bois. Haut., 35 cent; larg., 49 cent.

REMBRANDT

(VAN RYN)

32 — La Pythonisse d'Endor.

La Pythonisse, assise devant une table et tenant de la main gauche un livre ouvert, évoque l'ombre du grand-prêtre Samuel, qui apparaît debout, la tête tournée de face; longue barbe blanche; un turban d'étoffe jaune, un ample manteau bordé d'or. Devant l'apparition, Saül, cuirassé et casqué, s'est prosterné contre terre. Fond très-mystérieux. Ier livre des Rois, ch. XXVIII.

Tableau de haute qualité. La force ajoutée à la finesse. Il doit avoir été peint vers 1640.

Galerie Pommersfelden. N. 98 du catalogue.

Toile. Haut.. 1 m. 08 cent.; larg., 80 cent.

SEGHERS
(DANIEL)

et

SCHUT
(CORNELIS)

— 33 — Guirlande de fleurs.

Au centre, un médaillon par C. Schut, représentant
la Vierge avec l'enfant Jésus dans une niche.

Galerie Pommersfelden. N. 216 du catologue.

Bois. Haut., 66 cent.; larg., 53 cent.

STEEN

— 34 — Salus Patriæ suprema lex esto.

C'est l'époque des guerres glorieuses que soutint la
Hollande contre l'Angleterre et la Suède; chacun,
même au sein de la famille et du foyer, songe à défen-
dre son pays; au milieu d'un intérieur de bonne appa-
rence, une mère allaite son enfant; près d'elle un jeune
garçon bat du tambour et accompagne les chants de
cinq ou six hommes moitié soldats et bourgeois, qui
finissent leur repas et boivent à l'indépendance du
pays; l'un d'eux, monté sur sa chaise, vide un grand
verre en saluant; on lit sur le mur : *Salus patriæ su-
prema lex esto*. A gauche, des hommes et des femmes
causent; une femme apporte des gaufres et les pré-
sente à la jeune mère.

Galerie Delessert. N. 85 du catalogue.

Toile. Haut., 85 cent. ; larg., 1 m.

TENIERS

(LE JEUNE, DAVID)

35 — Intérieur d'estaminet.

A gauche, deux paysans jouent aux cartes ; groupe
de dix figures. A droite, en recul, devant une cheminée, deux femmes assises, dont l'une tient son baby ;
et plusieurs autres figures. Nombreux accessoires.
Composition presque pareille à celle d'un des Teniers
du Louvre. Celui-ci est-il une répétition ? Il est noté
comme Teniers original, dans le Cat. de la galerie de
Pommersfelden, de 1719.

Signé à gauche, en bas.

Galerie Pommersfelden. N. 228 du catalogue.

Toile. Haut., 60 cent.; larg., 90 cent.

TERBURG

(GÉRARD)

36 — La Dépêche.

Un officier, en casaque grise et coiffé d'un grand
chapeau, dicte une dépêche à un jeune soldat casqué
et cuirassé, qui écrit. Tous deux sont assis à une table
couverte d'un tapis rouge uni. Le trompette, debout,

en casaque bleu et grandes bottes, attend. Un épagneul
est couché en avant de la table. Fond : une haute cheminée à gauche, et, à droite, un lit enfermé dans ses
rideaux brunâtres.

Tableau de premier ordre.

Signé du monogramme sur le barreau de la
table.

Galerie Pommersfelden. N. 117 du catalogue.

Toile. Haut., 74 cent.; larg., 51 cent.

WINTRACK

(D.)

— 37 — **Intérieur de Ferme hollandaise.**

La mère, assise, donne le sein à son enfant. Un ca-
nard plumé dans un plat, des légumes dans un baquet,
un vase en cuivre sur une chaise. Près de la fenêtre
ouverte à gauche, des oiseaux sur une table. A droite,
un chat et un chien près d'un plat de poissons. Une pie
penchée sur une fenêtre.

Les intérieurs de Wintrack sont très-rares, et celui-ci est de belle qualité.

Signé, sur la cheminée : *D. Wyntrack* 1649.

Galerie Pommersfelden. N. 152 du catalogue.

Bois. Haut., 48 cent.; larg., 64 cent.

WITTE

(EMMANUEL DE)

**- 38 -- Intérieur de l'église de Delft, avec le tom-
beau du Taciturne.**

En avant, un gentilhomme, vu de dos, avec un chapeau à grands bords et un ample manteau rouge, une
femme en noir et blanc, leur page tenant deux levriers.
Deux petits pauvres demandent l'aumône.

Signé en bas, à gauche : *D. Witte. A° 1656.* Exécution magistrale. Les figures sont superbes.

Galerie Pommersfelden. N. 133 du catalogue.

Toile. Haut., 90 cent.; larg., 80 cent.

WOUWERMAN

(PHILIPS)

— 39 — Déménagement rustique.

Halte de paysans sur une hauteur, près d'une maison
et de deux arbres, au bord d'un fleuve où l'on aperçoit
un bateau avec son mât. Un jeune paysan est monté
sur un cheval blanc, chargé d'ustensiles de ménage.
Une paysanne est assise par terre, près d'un pèlerin et
d'un paysan qui leur parle. Au sommet du monticule,
un homme assis tient par la bride un mulet chargé.

Signé, en bas à droite, du double monogramme. In-
scrit au n° 231 du Cat. 1857 de la galerie Pommersfel-

den, sous le nom de Pieter Wouwerman, mais le monogramme de Philips est décisif.

Galerie Pommersfelden. N. 140 du catalogue.

Bois. Haut., 48 cent.; larg., 38 cent.

WOUWERMAN

(PIETER)

40 — Un Camp.

A gauche, des tentes contre des arbres, et des chevaux attachés. Au milieu, un cavalier, des chevaux,
des officiers à pied. En avant, à droite, une femme qui
puise à un tonneau, des enfants, etc. Au fond, on aperçoit des groupes de soldats.

En bas, à gauche, les initiales : *P. W.*

Galerie Pommersfelden. N. 142 du catalogue.

Bois. Haut., 30 cent.; larg., 36 cent.

ÉCOLE ALLEMANDE

41 — Portrait d'Ambrosius Jung, né en 1741.

A mi-corps, de grandeur naturelle. Grande pelisse
noire fourrée, toque noire. Une des mains tient un pa-
pier. Daté de 1540. A gauche sont les armoiries de son
père et de sa mère avec leurs noms : Hans Jung, mort
en 1505, et Anna Im Hoff, morte en 1473. A droite,
les armoiries du personnage avec une inscription.

Galerie Pommersfelden. N. 250 du catalogue.

Bois. Haut., 70 cent.; larg., 67 cent.

ÉCOLE ALLEMANDE

42 — Portrait de Magdalena Mannlichen, femme d'Ambrosius Jung, née en 1503.

A mi-corps, les mains croisées en avant. Pelisse en fourrure ; la tête embéguinée de blanc. A gauche, son nom sous les armoiries ; et à droite, les noms de son père et de sa mère, avec leurs armoiries.

Pendant du précédent, et mêmes dimensions.

Galerie Pommersfelden. N. 251 du catalogue.

ÉCOLE FRANÇAISE

43 — Dessus de porte.

Motif de décoration, composé de fleurs, de kiosques et de rochers.

Toile forme contournée. Haut., 52 cent. ; larg., 92 cent.

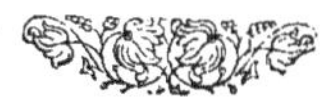

www.ingramcontent.com/pod-product-compliance
Ingram Content Group UK Ltd.
Pitfield, Milton Keynes, MK11 3LW, UK
UKHW022318170726
13837UKWH00005BA/2064